AF268289

RÉFLEXIONS

SUR

LES ÉCRITS POLITIQUES DE 1816.

Jamais nous n'avons été assaillis par un aussi grand nombre d'écrits sur la politique que pendant l'année qui vient de s'écouler. Ce ne sera pas faute de maîtres en cette science que l'on pourra s'égarer désormais. Si jusqu'à ce moment nous n'avons pas éprouvé les excellents effets que l'on pouvoit attendre de leurs instructions et de leurs principes, c'est que les bonnes semences sont les plus tardives à venir à maturité; et encore avons-nous vu cette année combien d'événcments imprévus, hors des limites de la sagesse humaine, peuvent porter atteinte aux plus flatteuses espérances. Il faut donc nous reposer encore une fois sur l'avenir, si nous voulons recueillir enfin les fruits des leçons offertes si généreusement, si cordialement par ces soi-disants amis de la France et de son Roi.

Hommes de la Providence ! un saint zèle vous anime ; et vous vous jugeriez bien coupables de ne point accomplir les œuvres de votre honorable mission ! C'est ce noble enthousiasme, c'est l'amour de la Patrie, si chère aux cœurs bien nés, qui a donné naissance à tant d'écrits politiques ! Mais pour user de cette haute prérogative de parler au nom de la Patrie, pour se déclarer son protecteur, ne faudroit-il pas, avant tout, être avoué de ses concitoyens ? A en juger par la quantité et la qualité de ces productions qui ont inondé la ville et la province, il n'est pas à croire que la Patrie ait reconnu pour ses mandataires tous ceux qui ont pris la plume en sa faveur. Quel est donc ce délire qui est venu frapper tant de cerveaux en France ? Il est assez difficile d'expliquer les bizarreries de l'esprit ; mais celle-ci est d'une telle nature, qu'elle présente un caractère très distinctif : c'est qu'elle prête singulièrement au ridicule, quoiqu'elle tienne à des considérations des plus importantes et des plus sérieuses.

Les avons-nous assez de fois entendus, ces raffinés politiques, élever hautement la voix pour signaler des abus, des travers, des mesures pernicieuses, des complots qui devoient entraîner la France vers sa ruine ! Ils régénèrent le monde ; ils régentent le Roi, les Chambres, les Ministres ! rien ne sera bien fait, si l'on s'écarte de la ligne qu'ils ont tracée. Ils esquissent un tableau sombre et raccourci de la France. Leur ton s'élève et s'abaisse suivant les effets qu'ils veulent produire ; tantôt imposant, tantôt enjoué, presque toujours tranchant et sinistrement prophétique. Le style prend une couleur appropriée à leurs desseins ; c'est un composé de phrases ambitieuses, de demi-phrases , de demi-mots, de pointes , de réticences : une teinte de candeur et de bonne foi se laisse apercevoir çà et là, et donne à l'œuvre politique cette apparence de patriotisme et de dévouement au Roi, justement nécessaire pour tromper l'honnête lecteur qu'elle abuse.

Quelque juste méfiance que l'on ait dû concevoir contre les écrits innombrables qui se sont succédés si rapidement , on n'a pu se défendre d'un sentiment pénible après une aussi triste lecture ; l'inquiétude s'empare peu à peu de l'âme , et cette disposition étant une de celles qui se communiquent le plus promptement , se répand bientôt par toute la France. C'est ainsi que les incidens les plus extraordinaires d'un roman , quoique fictifs eux-mêmes , laissent un souvenir presque ineffaçable , si l'écrivain a su trouver le chemin du cœur. Rien ne peut donc nous toucher plus sensiblement que tout ce qui semble devoir nous entretenir de nos intérêts les plus chers, ceux de notre Patrie, ceux de notre Roi.

C'est à l'abri de ces noms sacrés et puissants que les *pamphlétaires* cherchent et obtiennent des lecteurs ; et si, parmi les nombreux apôtres en fonction d'éclairer la France sur sa véritable position, d'établir les bases de nouvelles institutions, etc., il se rencontre des noms qui ne soient pas tout-à-fait obscurs, d'autres qui aient obtenu quelque célébrité, d'autres enfin qui figurent ou aient figuré sur la liste des dignités du royaume ; oh ! pauvres lecteurs, comme vous serez trompés ! Vous surtout qui, privés des communications fréquentes de l'amitié, au fond des provinces éloignées de la capitale, désirez tant d'apprendre qu'il existe des adoucissements aux maux de votre Patrie, que votre Roi, que sa Famille font leur unique étude de son bien-être ; comme vous allez être tristement déçus par votre lecture ! Semblables à des enfants qui, après avoir été froissés par la fortune, se trouvent éloignés d'un père qui les chérit toujours, et qui travaille sans cesse à leur rendre et le repos et le bonheur : ils interrogent avec une tendre inquiétude, avec l'empressement de la reconnoissance filiale, tous les voyageurs qui ont approché de leur père; et les récits de l'amitié, avidement écoutés, sont répandus pour l'instruction de la famille. Mais, je le demande, de quel œil pourroit-on voir certains voyageurs infidèles, qui, par des rapports mensongers, se joueroient de la bonne foi et des sentiments de ceux mêmes qui les regardoient comme leurs amis ? Que seroit-ce s'ils pensoient à recueillir un jour le fruit de leur indigne perfidie ?

Ce n'est pas toutefois dans la capitale que l'on peut être long-temps abusé par les jongleries politiques. Toutes les impressions qu'elles y produisent, quoique instantanées et très communicatives, à raison de la force d'impulsion qui les met en jeu, se dissipent facilement , et font place à un sentiment de dérision qui atteint bientôt leurs auteurs. On a pu souvent en faire l'observation ; car tout ce qui a tendu à affermir l'ordre pendant le cours de cette année , a singulièrement contribué à développer le génie politique et à l'irriter.

Quelques individus , maintenant rentrés dans l'obscurité ont-ils pu voir sans indignation qu'avec l'année 1816, le calme devoit continuer en France , et que la sagesse et la fermeté du Roi sauroient l'y maintenir. A la faveur des écrits incendiaires , leurs odieux partisans ont en vain tenté un nouvel effort. Ils ont trouvé dans les murs de Grenoble la peine due à leur funeste aveuglement ; comme à Paris ils ont reçu , presque sous les yeux de leurs instigateurs , le même châtiment pour tous les fléaux qu'ils vouloient ramener au sein de la Patrie.

Comment encore pouvoient-ils supporter sans les plus vives alarmes l'énumération des sacrifices imposés aux François, qui font éclater un si généreux dévouement ? Quoi! de toutes les parties de la France, des trésors viendroient paisiblement se rassembler pour faire honneur aux engagements de la Nation ; pour vivifier les arts, le commerce , les manufactures ; pour assurer l'existence de nos braves guerriers ! Oh, voilà ce qu'il faut empêcher ; et aussitôt vous voyez ces esprits de ténèbres en campagne. Le moment de lancer de nouveaux libelles est saisi sans retard. La dissolution de la Chambre des Députés en a fait naître de toutes les couleurs ; et ils étoient déjà prêts, que le budjet de 1817 n'étoit pas encore au jour. Les brochures sur cette partie offrent encore une ressource de plus à leurs malicieux auteurs. Comme il y a nécessairement plus de curieux et d'intéressés que de connoisseurs en finances, ces bons François se donnent carrière, et, à la faveur de leurs calculs incompréhensibles, ils finissent par vous annoncer la situation de la France désespérée , et sa ruine prochaine. Voilà ce qui vous frappe le plus moralement. Leur but est rempli. Il faut travailler les têtes ; il faut arrêter ce zèle trop soutenu des François, qui veulent opiniâtrement leur repos et leur prospérité ; qui s'obstinent à ne voir dans les immenses contributions qu'il faut payer aujourd'hui , que le produit net des folles entreprises de l'homme qui les a si cruellement trompés.

Mais s'il falloit croire à la bonne foi du plus grand nombre des écrivains politiques, à leur désir sincère d'être utiles à leur Patrie, à leurs concitoyens , à leur Roi, ne faudroit-il pas s'étonner plus que jamais de l'étrange inconséquence des hommes ! Trois années auroient donc bien changé la nature des esprits en France ? Quelle puissance, sous Buonaparte même , auroit enchaîné la voix des amis de la vérité ? N'y avoit-il rien à reprendre sous ce gouvernement !

Tout étoit-il parfait ? Que si quelques discours se firent parfois entendre , n'étoient-ils pas dictés par la plus basse adulation ? Signalèrent-ils jamais un seul abus, une seule erreur ?

Et aujourd'hui que la vertu réside sur le trône, et forme le plus bel apanage de la Famille royale ; aujourd'hui qu'un Prince auguste , resplendissant de génie et de lumières , vénéré des Souverains étrangers , comme le fut autrefois un Roi de ses aïeux, travaille, d'inspiration de cœur, pour assurer la gloire et le bonheur de ses enfants , mille voix s'élèvent pour l'instruire dans l'art de gouverner ses peuples ; mille entraves naissent les unes des autres pour s'opposer au bien qu'il veut faire , et au rétablissement de l'ordre , sans lequel rien n'est possible !

Ce n'est pas encore assez : il faut que les Ministres de son choix recueillent avec empressement les avis qui leur sont donnés de toute part ; il faut qu'ils suivent strictement les règles de conduite qui leur sont tracées. Hommes courageux ! c'est en demeurant fermes dans le poste glorieux où vous a placés votre Roi, c'est par plus de zèle encore, et de dévouement à sa cause et à celle de votre pays, que vous répondrez à leur confiance sans répondre aux calomnies ! Peut-être assez d'inquiétudes, de fatigues, de contention d'esprit, viennent-elles se mêler à vos nombreux travaux et à vos veilles, pour que vos forces trahissent quelquefois votre persévérance au milieu des obstacles ; mais à l'instant même ramenez vos pensées vers la France, vers votre Roi, et vers l'avenir, qui vous assure une gloire immortelle !

Certes, il est difficile de croire que la malveillance n'entre pas pour beaucoup dans la plupart des écrits actuels, ou l'esprit de contradiction et de dénigrement se seroit bien perfectionné ; car rien n'est à l'abri de ses atteintes. Les arts et ceux qui les cultivent ont souvent à se défendre des traits de sa malignité. Il ne reste plus même aucun moyen de s'y soustraire. Voyez aussi avec quelle âcreté cet esprit traite les sujets dont il s'empare. Il faut aujourd'hui *savoir inquiéter*; voilà la rhétorique des écrivains de cette sorte. Leur but, c'est d'être appelés à calmer un jour.

Je ne pensois pas qu'il deviendroit possible de citer par opposition à ce singulier esprit, et comme pour exemple, de présenter ses observations sans effrayer ses concitoyens, celles que je trouve dans un journal étranger (1), à propos de ce budjet qui

____

(1) Voyez dans *le Moniteur* du 26 novembre 1816, l'extrait suivant du *Courrier :*

.... Le budjet donne la persuasion que la France désire bien sincèrement de remplir ses engagements envers les autres Puissances, et qu'elle met beaucoup de zèle à guérir les plaies qu'elle s'est faites pendant ses longues convulsions révolutionnaires, à rétablir son crédit, à rouvrir les sources de l'industrie commerciale, etc.

Après l'analyse du budjet, l'écrivain ajoute : « Et

a tant servi à l'accroissement de ma nomenclature politique de 1816.

Sept ou huit spéculateurs en cette matière s'y sont fait remarquer par plus d'audace et de prétentions à étendre leur genre d'industrie. Des hommes que leur ministère appelle à ne proférer que des paroles de paix et de charité en ont fait entendre qui ont porté l'inquiétude dans l'âme de leurs concitoyens. Peut-être ceux-là ont-ils péché par défaut de politique. Toutefois, ils peuvent être maintenant corrigés. Ils doivent mieux savoir que personne

---

nous aussi, nous dirons que la manière dont la France supporte ses charges fournit la preuve la plus décisive de l'étonnante richesse de son sol. Puisse-t-elle employer dorénavant ses ressources à se rendre heureuse au-dedans, respectable et aimée au-dehors ! »

Certes, un membre de notre Chambre des Députés qui donneroit son opinion sur le budjet, ne s'exprimeroit pas autrement. Mais il y a tant de manières de voir les choses !

que le vrai repentir offre de grands moyens de succès pour se réhabiliter. Quant à ceux que la cupidité a entraînés à écrire des histoires politiques comme on fait des contes de fées, est-il besoin de les prévenir que le public sait maintenant apprécier la *valeur* de leur plume, et qu'ils doivent rester dans un saint repos?

Je ne parlerai pas des écrits clandestins; ils ne sont justiciables, littérairement, que du plus profond mépris. Leur basse turpitude ne peut pas affecter des cœurs françois, et ils sont peut-être, pour cette raison, moins dangereux qu'on pourroit le croire. Que si des misérables de la dernière classe du peuple se laissent quelquefois atteindre par leur maligne influence, soit en profanant le nom de la Majesté royale, soit en s'essayant à mettre en œuvre les propos séditieux qui leur sont enseignés, ils vont presque aussitôt recevoir leur salaire sur le banc des criminels. Voilà comme ces écrits sont le plus ordinairement efficaces : ils servent d'exemple.

Mais au milieu de ces affligeantes productions de la politique, nous avons eu heureusement à reposer nos yeux et nos esprits sur des écrits pleins d'honneur et de sagesse, qui décèlent l'âme pure et loyale de leurs auteurs. On les reconnoît aisément à ce ton de modestie et de décence, à ce style pénétrant qui, sans avoir la force déchirante de l'ambition, est convenablement adapté aux sages conseils de l'expérience, à toutes discussions en général, et parvient mieux à se faire comprendre. Ceux-ci font jaillir la lumière ; les autres peuvent ramener les ténèbres.

Le nombre des réfutations s'est trouvé presque égal à celui des agresseurs, et ç'a été peut-être leur faire trop d'honneur et de plaisir que de leur répondre.

Espérons que l'année qui va suivre, affermissant encore les bons principes, attachant de plus en plus à la Charte constitutionnelle cette idée d'inviolabilité si fortement exprimée par son créateur, offrira moins de productions politiques. Lorsque tant de voix se confondent, il est difficile d'en distinguer aucune.

D'après les réflexions que je viens de présenter à ce sujet, j'espère que l'on ne me supposera pas l'idée de prétendre arrêter nombre de mains toujours prêtes à lancer leurs plumes au premier vent. Il y a des gens qui endureroient les plus dures privations, avant celle d'émettre leurs opinions sur des objets même tout-à-fait hors de leur sphère ; mais au moins cette manie ne peut pas être très dangereuse ; et s'ils trouvent encore, sans qu'ils s'en doutent, le moyen de faire sourire en traitant les sujets les plus graves, c'est au moins un dédommagement pour les lecteurs.

Je dois cependant avouer que si, par un heureux rapprochement d'idées et de senti-

ments, ou par une cause quelconque, le
nombre des brochures politiques alloit di-
minuer en 1817, je serois satisfait d'avoir
publié la mienne.

FIN.

DE L'IMPRIMERIE DE CRAPELET,
rue de Vaugirard, n° 9, près l'Odéon.

www.ingramcontent.com/pod-product-compliance
Lightning Source LLC
Chambersburg PA
CBHW061205050726

47594CB00008B/3576